André Cochut

De l'Industrie agricole en France

Histoire

 Le code de la propriété intellectuelle du 1er juillet 1992 interdit en effet expressément la photocopie à usage collectif sans autorisation des ayants droit. Or, cette pratique s'est généralisée dans les établissements d'enseignement supérieur, provoquant une baisse brutale des achats de livres et de revues, au point que la possibilité même pour les auteurs de créer des œuvres nouvelles et de les faire éditer correctement est aujourd'hui menacée. En application de la loi du 11 mars 1957, il est interdit de reproduire intégralement ou partiellement le présent ouvrage, sur quelque support que ce soit, sans autorisation de l'Éditeur ou du Centre Français d'Exploitation du Droit de Copie, 20, rue Grands Augustins, 75006 Paris.

ISBN : 978-1718871670

10 9 8 7 6 5 4 3 2 1

André Cochut

De l'Industrie agricole en France

Histoire

Table de Matières

INTRODUCTION	7
I. — LES PRINCIPES.	8
II. — LES FAITS.	13
NOTES	36

INTRODUCTION

Qu'on se reporte aux temps où chaque famille se faisait gloire de se nourrir avec ses récoltes, d'user les vêtements et les meubles qu'elle avait fabriqués, et qu'on imagine la stupeur du chef de maison à qui on eût dit : « Les tissus que font vos femmes sont grossiers, les outils que forgent vos esclaves sont défectueux ; le tout vous coûte beaucoup trop cher, et votre économie est ruineuse. Il faut que chaque objet soit confectionné par ceux qui réunissent les moyens de bien faire ; il faut que la force de l'homme soit centuplée par des procédés mécaniques, que les transports et les échanges, multipliés et variés à l'infini, mettent les produits à la portée de tout le monde. » Ne voyez-vous pas, à ce langage, le vieux patricien secouer la tête avec une indignation concentrée, et puis éclater tout à coup : « Des ouvriers travaillant sans savoir pour qui ! Des milliers d'hommes réunis pour faire les uns le fil, les autres la trame, ceux-ci la teinture et ceux-là les broderies ! des produits qu'on trouvera sous sa main sans les avoir commandés ! tous les besoins prévus et satisfaits ! Est-ce croyable ? Et que deviendront, dans ce beau système, le labeur domestique et les saintes traditions du foyer ? Arrière, vous êtes un rêveur, sinon un factieux ! » Les siècles ont fait leur œuvre. Aujourd'hui, chaque fabrication constitue une spécialité, chaque entreprise cherche les conditions les plus favorables pour produire beaucoup et bien. Les hommes, de plus en plus nombreux, sont mieux vêtus, mieux meublés ; chacun, suivant son rang, possède plus de choses utiles. Le riche est plus riche en ce sens qu'il se procure plus de jouissances à moins de frais ; le pauvre, malgré des souffrances trop réelles, est, de toute façon, moins malheureux que dans les temps anciens.

L'agriculture n'a pas marché du même pas que l'industrie manufacturière. Dans la plus grande partie du monde civilisé, elle est restée à l'état de labeur domestique, c'est-à-dire que chaque homme en possession d'un lot de terre s'y cantonne et l'utilise suivant la routine de ses pères et en vue de ses propres besoins. La culture élevée à l'état de spéculation industrielle, pratiquée avec les combinaisons et les ressources qui en doivent multiplier les bénéfices, est encore le fait exceptionnel. Il est dans l'ordre et la nécessité des choses humaines que l'art de fabriquer les aliments parcoure les mêmes phases que la fabrication des objets mobiliers ; mais on conçoit que la transformation soit plus lente. Le régime de la propriété, la distribution des forces sociales, les usages suivis pour la location du sol, les rapports du capital foncier et de la richesse mobile, l'état des populations rurales, sont autant de circonstances qui facilitent ou entravent les efforts du cultivateur.

Quels sont, en ce qui concerne la France, les obstacles opposés au développement rationnel de l'agriculture ? Grande question dont la portée descend jusqu'aux entrailles de notre société. Si je ne me trompe, il doit suffire de constater les conditions dans lesquelles s'exerce chez nous l'industrie culturale, pour que chacun distingue ce qu'il y a d'utile et de praticable dans les plans de réforme à l'ordre du jour.

I. — LES PRINCIPES.

La science agronomique repose sur des principes d'une merveilleuse simplicité. L'existence, la santé des végétaux, comme celles des êtres animés, dépendent surtout de l'alimentation. Des quatre substances nécessaires à la nutrition des plantes, l'oxygène, l'eau, l'acide carbonique et l'azote, il en est trois qui sont ordinairement fournies par la nature en quantité suffisante. L'acquisition de l'eau n'augmente qu'exceptionnellement les frais de la culture. Il n'en est pas ainsi de l'azote. Livré en petite quantité par l'atmosphère, produit surtout dans le sein de la terre par l'enfouissement naturel ou artificiel des débris en putréfaction, son abondance plus ou moins grande est la mesure de la richesse du sol. Chaque fois que le laboureur ajoute à la vieille force de son champ une certaine dose de matières propres à l'engraisser, il peut calculer dans quelle proportion il a chance d'augmenter sa récolte. L'opération fondamentale de l'industrie agricole est donc l'achat de l'engrais à des conditions avantageuses, c'est-à-dire à un prix tel que l'accroissement de récolte obtenu au moyen de l'engrais acheté procure un bénéfice.

La science en est venue à se préoccuper aujourd'hui de l'alimentation des végétaux comme de celle des sociétés humaines. Il n'y a plus de débris ou d'immondices qui n'aient été soumis à

I. — LES PRINCIPES.

l'analyse chimique. On sait ce que chaque espèce de ces résidus contient d'éléments propres à la reproduction des plantes. On a établi systématiquement la valeur commerciale de toutes les matières qui peuvent être employées comme engrais. Cet humble tarif du prix des fumiers serait, aux yeux du vrai philosophe, une page de haut enseignement. On y verrait comment la sagesse providentielle a pourvu à la subsistance de tous les êtres créés. Chaque animal accumule autour de lui assez de débris pour provoquer la reproduction des aliments qu'il absorbe, et, si l'on trouvait le moyen de recueillir et d'utiliser toutes les ordures dont se nourrissent les végétaux, l'accroissement des populations cesserait d'être un motif d'inquiétude pour les sociétés. Suivant M. Boussingault, les déjections naturelles de l'homme, fournissant par année 3 kil. 61 d'azote, suffiraient à la reproduction de 102 kilog. de froment, le tiers à peu près de ce qu'un adulte consomme. Les débris de sa table et de son vêtement, la litière qu'il fait sans s'en douter, sont également imprégnés de sucs animalisés dont la déperdition cause un déficit incalculable. Les seuls chiffons de laine provenant, selon les calculs de M. de Gasparin, d'une consommation évaluée à 43 millions de kilog. fourniraient en azote, à raison de 17,98 parties pour 100, l'équivalent de 19,328,500,000 kilog. de fumier de ferme, laquelle masse enrichirait le pays de 2,241,606 hect. de blé. D'un autre côté, nos ingénieux et infatigables chimistes cherchent le moyen d'activer la végétation par l'emploi direct des sels auxquels les engrais empruntent leur énergie. Un temps viendra peut-être où les laboratoires fourniront des stimulants artificiels en assez grande abondance et à des prix assez bas pour faire au fumier naturel une utile concurrence. Au surplus, la grande culture aura toujours pour principe la fabrication des engrais à domicile au moyen des animaux nourris dans le domaine : le prix de revient du fumier de ferme sera toujours le régulateur de la spéculation agricole.

Considérée à ce point de vue, l'agriculture suggère des réflexions peu flatteuses pour la vanité humaine. La première loi de la nature, c'est que la mort engendrera la vie. L'ordure dont le citadin détourne son pied dédaigneux formera l'herbe des champs ; en s'animalisant dans le corps de la brute, l'herbe deviendra chair, et, comme chair, elle entretiendra la vigueur des populations, jusqu'au jour où chacun des mangeurs de chair, chétif ou puissant, bon ou mauvais, inepte ou sublime, redeviendra successivement engrais, herbe, aliment, esclave ou despote, cheval ou cavalier ! Il est admis que chaque partie de bon fumier de ferme confiée au sol reproduit en froment la dixième partie de son poids, et que chaque tête de gros bétail, convenablement nourrie, crée une masse de fumier qui augmente la récolte annuelle d'une dizaine d'hectolitres [1]. Le problème, ainsi posé, semble se résoudre de lui-même. Quoi de plus simple, dit-on souvent, que d'augmenter le bétail, afin d'obtenir en plus grande quantité l'engrais, instrument de la régénération végétale ? Les primes demandées au gouvernement pour la formation des prairies, la production des plantes fourragères, la multiplication des races domestiques, les calculs sur la proportion du bétail à la superficie mise en culture, les mesures à prendre contre le morcellement des terres, les bons effets des clôtures, l'abolition des servitudes qui font obstacle aux progrès, sont autant de conseils passés à l'état de lieux communs. Le malheur des théoriciens est d'expérimenter dans le vide. Ils oublient qu'en agriculture le mal ne réside pas dans l'ignorance des bons procédés, mais dans la difficulté de les appliquer. Le régime agricole d'un pays étant la conséquence des lois et des coutumes qui légitiment la propriété, toute réforme dans l'exploitation des terres modifie l'état d'une société. Aussi est-il fort rare qu'une réforme agricole s'établisse autrement qu'à la suite d'une révolution politique. Le malaise social, causé par l'insuffisance des produits du sol, est le prétexte du mouvement ; la réforme agricole en devient la conclusion. Les envahissements de l'aristocratie romaine ayant affamé l'Italie, la chute du patriciat aboutit au servage féodal, qui attacha les cultivateurs à la glèbe, afin de généraliser les cultures utiles : la ruine de la féodalité et la révolution démocratique de 1789 modifièrent à leur tour la société de manière à déplacer les bases de l'économie rurale.

Il n'est pas impossible, cependant, que l'agriculture d'un pays soit transformée par l'intervention systématique de son gouvernement ; mais de tels exemples sont rares : ils exigent de la part des hommes d'état qui se dévouent à cette œuvre un rare ensemble de connaissances et une habileté d'exécution égale à la vigueur de leur génie.

I. — LES PRINCIPES.

L'Angleterre trouva des hommes d'état à la hauteur d'une semblable tâche, et la révolution agricole qui s'accomplit chez elle pendant le cours du dernier siècle contribua plus encore à sa grandeur politique que ses efforts et ses succès dans l'ordre industriel. Les hommes d'état ne peuvent pas tout savoir. Leur mérite spécial est de daigner écouter, de comprendre, d'oser, d'agir. Pitt eut ce mérite au plus haut degré. La possibilité d'accroître le bien-être des populations, en augmentant la richesse du sol, était un thème que les économistes français avaient mis à l'ordre du jour parmi les savants de l'Europe. Pitt comprit et mit la main à l'œuvre.

Même en agriculture, l'Angleterre et la France obéissaient à des instincts opposés. La tendance de l'esprit français était de vivifier la terre par son morcellement et par une extension aussi large que possible du droit de propriété. La démocratie, sans s'en douter, prenait des paysans pour en faire de petits seigneurs. Le ministre anglais, au contraire, favorisa l'agglomération des domaines et l'agrandissement des héritages, mais à condition de transformer de vrais seigneurs féodaux en fabricateurs de produits agricoles. Au commencement du XVIIIe siècle, les deux tiers du sol britannique étaient en friche. Les paysans obtenaient facilement de la tolérance des seigneurs la permission de mettre en culture un petit coin de terre sur les lisières improductives du fief. Ainsi, sans fausser la loi féodale, s'était développée une classe intermédiaire de modestes cultivateurs dont la poésie anglaise a célébré les mœurs naïves et pittoresques. Cette classe devait disparaître peu à peu, délogée, étouffée par les envahissements de la spéculation agricole qu'elle ne pouvait suivre.

La réforme s'opéra sans secousses violentes, tant que les propriétaires agirent avec leurs propres ressources : mais l'œil pénétrant de Pitt découvrit dans le nouveau système une manœuvre politique et une arme de guerre. Il comprit qu'en surexcitant la fécondité du sol, il en tirerait assez de trésors pour payer les frais de la lutte, et qu'ainsi la richesse territoriale de l'aristocratie deviendrait le gage de la puissance nationale. Voilà donc le ministre à l'œuvre avec l'ardeur fiévreuse de son génie. La terre est une mauvaise débitrice ; elle paie difficilement et à très long terme le loyer de l'argent qu'on lui confie : Pitt met au service de la terre toutes les ressources du crédit. Il restreint à un rayon de douze lieues autour de Londres le privilège exclusif qu'avait la banque d'Angleterre d'émettre des billets exempts du droit de timbre ; il transfère ce même avantage aux établissements privés des provinces. En peu de temps surgissent environ 700 banques appropriées aux divers besoins de la spéculation, surtout à ceux de l'industrie agricole. Les propriétaires, qui se concertent pour l'émission des papiers de crédit, s'adjugent ainsi, à raison de 3 pour 100, tout l'argent dont ils ont besoin. La plaie ordinaire du cultivateur, l'insuffisance du capital, n'est pas plus un obstacle pour celui qui exploite que pour celui qui possède.

Cette circulation artificielle pourrait être un danger, si l'on ne se hâtait de transformer des valeurs fictives en richesses réelles. Les propriétaires se font une loi de résider sur leurs terres la plus grande partie de l'année. Des agronomes, des ingénieurs, attirés dans les campagnes par des avantages solides, étudient la composition du sol pour en corriger les défauts. Par leurs soins, on creuse des canaux qui facilitent le transport et le mélange des terres. Le cours des eaux est réglé soit pour le dessèchement, soit pour les irrigations. On construit aussi des conduits souterrains qui, pratiqués de manière à recevoir et à conserver les eaux, égouttent les sillons pendant les pluies d'hiver et diminuent l'évaporation trop rapide des étés. Les champs sont encadrés par de verdoyantes clôtures, et il en résulte une fraîcheur favorable à la végétation. En un mot, la superficie des bonnes terres, qui font exception dans tous les pays, semble s'élargir à vue d'œil. On honore, on encourage la profession d'agronome. Pour chaque domaine à affermer, il se présente dix hommes dont l'aptitude est éprouvée ; le seigneur se décide pour celui qui apporte le plus de capitaux, ou pour celui qui a le plus de crédit, car l'entrepreneur de culture, estimé à l'égal de tout autre industriel, peut obtenir la faveur d'un compte courant à la banque voisine. On sait qu'un demi-siècle n'est pas de trop pour fonder une bonne ferme : on prolonge donc le terme des baux, afin que les locataires ne reculent devant aucune amélioration. La clause suprême qu'on leur impose est de meubler richement la ferme en bétail, et ils n'ont garde de se soustraire à une obligation qui repose sur une vérité élémentaire et qui est la garantie de leur propre fortune.

Les résultats de ce mouvement se manifestèrent avec une

promptitude qui leur donna un prestige magique. On a compté que, de 1719 à 1835, on a rendu 3996 lois de défrichement ou *bills de clôture*; les neuf dixièmes de ce nombre appartiennent au ministère de Pitt. La petite et la moyenne culture se trouvèrent déroutées et comme honteuses de leur impuissante routine ; elles laissèrent le champ libre à la nouvelle industrie agricole. La concurrence pour l'achat des terres, engloutissant les humbles héritages, reforma une féodalité plus compacte que celle des anciens temps. Avec une population plus que doublée, le nombre des propriétés rurales est moindre qu'il y a deux siècles [2]. A la place des cultivateurs libres, race honnête et solide, on ne rencontra plus dans les champs que des prolétaires ruraux. Les moralistes déplorèrent ce résultat : en sa qualité d'archéologue et de romancier, Walter Scott fit entendre de poétiques regrets. L'économie politique, en Angleterre surtout, n'a que des chiffres à la place du cœur. Les hommes positifs se plaisent à constater que l'agriculture anglaise est parvenue à fournir à chaque habitant une ration de viande trois fois plus forte que celle des Français, et qu'elle a pu répandre dans ses champs trois fois plus de fumier.

Reproduire chez nous les réformes accomplies en Angleterre, substituer la culture rationnelle et la grande industrie agricole à cette exploitation nécessiteuse et routinière qui stérilise une grande partie du territoire français, tel est le rêve doré de ceux qu'on appelle dans nos campagnes des agriculteurs de salon. En effet, les dissemblances entre les deux pays sont tellement à notre désavantage, qu'il est difficile de les constater sans une sorte de découragement. Chez nous, la nature du sol, le régime de la propriété, les lois civiles, le crédit, les mœurs, opposent aux améliorations des obstacles qui, sans être absolument insurmontables, ne peuvent être aplanis que par une main bien habile et bien puissante. On en va juger.

II. — LES FAITS.

La France est un pays favorisé sans doute ; mais son privilège résulte plutôt de sa position géographique, de la douceur de son climat, et, pour ainsi dire, du modelé de son territoire, que de la fertilité inhérente au sol cultivable. Les géologues répartissent ainsi les 52,768,610 hectares qui composent le domaine rural.

	hect.
Sol de riche terreau	7,276,368
Sol de craie, ou calcaire	9,788,197
Sol de gravier	3,417,893
Sol pierreux	6,621,348
Sol sablonneux	5,912,377
Sol argileux	2,232,885
Sol limoneux ou marécageux	284,454
Espaces de différentes sortes	7,290,250
Pays de bruyères, landes, terres vagues	5,676,088
Aspérités montagneuses, impropres à la culture	4,268,750
	52,768,610

Il résulte de cet aperçu que les terres d'une qualité parfaite ne composent pas même la septième partie de la superficie totale ; mais beaucoup d'autres localités, dont la constitution géologique est corrigée artificiellement, sont utilisées de la manière la plus productive. Les agronomes, qui ne considèrent que le revenu, établissent une autre classification : ils établissent cinq classes de terres, suivant le degré de fécondité. Le département du Nord, dans presque toute son étendue, la Limagne d'Auvergne, la vallée de l'Isère, la plaine de Meaux, certaines portions de l'Alsace, égalent, à leur avis, les meilleures terres connues.

	départements.
Ces territoires représentent une superficie égale à la valeur moyenne de	4
Les terres dans de bonnes conditions de fertilité (Normandie, Flandre, Picardie et cantons divers disséminés dans les autres régions) équivalent à	23

Terres passables	46
Terres de médiocre qualité	25
Espaces inexploitables (territoires urbains, voies publiques, bâtimens, cours d'eau, terres complètement stériles)	18
	86

Ces catégories indiquent ce qui est présentement et non pas des conditions de culture absolues et invariables. Bien que certains fonds soient naturellement plus favorisés, ces différences essentielles peuvent être modifiées en bien ou en mal par le régime agricole, de même que le naturel des hommes est transformé par l'éducation ou le genre de vie. En thèse générale, la valeur d'un domaine est déterminée par la somme des avances qu'on a faites au sol en sucs nutritifs, en amendements, en plantations, en moyens de transport, en manipulations de toutes sortes, et ce fait, qu'il ne devrait pas être permis d'ignorer, est le plus ferme démenti donné à la dangereuse théorie qui proscrit la rente de la terre comme un monopole gratuit.

Le trait caractéristique de l'agriculture française est la division infinie de la propriété. Les révolutionnaires de 1789 avaient compris qu'un nouvel ordre social ne peut être établi que sur des intérêts nouveaux. La vente des biens nationaux émietta entre les mains de 1,222,000 personnes 30,000 grands domaines provenant du clergé, de la noblesse, des fonds domaniaux ou communaux. La loi de succession acheva de décomposer les anciens patrimoines. A la chute de l'empire, pour 40,000 cotes foncières au-dessus de 500 francs, on en comptait 8,025,000 représentant eu moyenne un immeuble de 1,200 à 1,500 francs en capital. Pendant les dix années qui suivent, la spéculation, habile à exploiter l'esprit de parti, préconise comme une œuvre patriotique la pulvérisation des derniers fonds de terre. Chaque fois qu'une grande propriété est mise en vente, des compagnies se forment pour l'acheter et la revendre par petits lots avec d'énormes bénéfices. On surexcite ainsi l'instinct d'accaparement, d'autant plus énergique chez les gens de la campagne qu'ils sont plus grossiers. Si pauvre que soit une succession, le partage est effectué, non par des compensations en argent, mais par l'égalisation matérielle des lots. « Chacun s'obstine, est-il dit dans une enquête officielle, à vouloir une portion dans chaque espèce de biens, dans chaque champ, dans chaque pré, dans chaque vigne, même dans la grange et la maison d'habitation. »

Cette manie est le fléau de l'agriculture française. Elle a produit ce morcellement désordonné qui fractionne la terre sans calcul et sans profit, qui désorganise incessamment les ateliers ruraux. Cependant, à partir de 1826, on a remarqué un mouvement en sens contraire qui paraît faire contre-poids. Les capitaux ayant tendance à se concentrer par l'enrichissement des spéculateurs ou par la restauration des anciennes familles, on essaie de reformer les grandes propriétés territoriales. On voit dans les relevés de 1835 et 1842 les petites cotes rester, avec des fluctuations peu marquées, dans les anciennes limites, tandis que les taxes au-dessus de 500 francs, augmentées en nombre de plus d'un tiers, dépassent le chiffre de 53,000.

Au point de vue spécial de l'agriculture, la multitude des parcelles et des cotes ne représente pas d'une manière exacte la distribution du territoire. Beaucoup de parcelles, quoique d'un seul tenant, fournissent plusieurs numéros : les cotes ne se rapportent qu'aux biens possédés dans un même cercle de perception par un propriétaire qui peut-être possède et paie l'impôt dans plusieurs communes ; enfin, les rôles de la contribution foncière comprennent, avec la propriété rurale, la propriété bâtie dans les villes. Essayons donc de tenir compte de tous ces éléments, et de tracer, par approximation, le plan de la France agricole.

PROPRIÉTAIRES RURAUX.

II. — LES FAITS.

		Nombre des familles propriétaires	Superficie totale possédée	Etendue moyenne par famille	Revenu moyen par famille	Revenu par hectare	Revenu net de la propriété agricole
				hectar.	hect.	fr.	fr.	francs
Grande et moyenne propriété	Contribuables de 500 fr. et au-dessus (éligibles sous la monarchie)	23,000	6,000,000	260	9,000	35	207,000,000
	Contribuables de 200 à 500 francs (électeurs sous la monarchie)	160,000	12,000,000	75	3,000	40	480,000,000
	Propriét. de moyenne aisance payant de 50 à 200 fr. d'impôt direct	700,000	15,000,000	21	1,000	48	700,000,000
	Total pour la grande et moyenne propriété	883,000	33,000,000	«	«	«	1,387,000,000

Petite et minime propriété	Petits propriétaires payant de 25 à 50 fr. d'impôt direct, réunissant, pour l'ordinaire, une profession manuelle ou un commerce au travail de la culture.	900,000	5,000,000	5 1/2	400	72	360,000,000
	Propriétaires au-dessous de 25 fr., nécessiteux, obligés, pour vivre, de travailler, comme salariés, sur la terre d'autrui	3,000,000	10,000,000	3 1/9	100	30	300,000,000
	Total pour la petite et minime propriété	3,900,000	15,000,000	«	«	«	660,000,000

Ainsi, 4,783,000 familles sont intéressées à la propriété agricole, sans participer toutes aux travaux de la culture. La classe des agriculteurs qui ne sont pas propriétaires comprend les fermiers et les métayers fournissant plus de 2 millions de familles, et environ 400,000 familles d'ouvriers ruraux, sans autre ressource que leur salaire éventuel, et tombant une partie de l'année à la charge de la bienfaisance publique [3].

Le revenu, évalué à plus de 2 milliards, représente la rente foncière afférente au propriétaire du sol, et non pas le produit rémunérateur du travail. Le plus souvent, le campagnard en possession d'un petit champ n'a d'autre ouvrier que lui-même : tout fier, à la fin de l'année, de recueillir 3 ou 400 francs par hectare, il ne remarque pas que les quatre cinquièmes de cette somme sont le salaire de ses peines, et qu'il eût gagné tout autant en s'engageant à la journée sur le champ d'autrui. Toutefois, comme celui qui travaille pour lui-même apporte une ardeur et un soin qu'on ne peut pas exiger d'un mercenaire, la part du produit dû au capital en est certainement augmentée. Aussi, dans le tableau qui précède, on attribue aux terres cultivées par de petits propriétaires avec des ressources suffisantes une rente beaucoup plus forte que le fermage obtenu

II. — LES FAITS.

par les capitalistes qui n'exploitent pas.

La statistique agricole doit donc distinguer soigneusement, 1° la rente résultant du droit de propriété, 2° le profit du spéculateur, 3° la rémunération du travail manuel. La majorité des habitants de la campagne cumule, dans une proportion plus ou moins forte, ces trois genres de revenu, les uns en travaillant uniquement pour leur propre compte, les autres en utilisant alternativement leurs bras sur leur propriété et sur celle d'autrui. Les capitalistes qui vivent uniquement de la perception d'un fermage, comme les journaliers qui n'ont que leur salaire, forment deux minorités extrêmes. Ces faits ressortent du tableau de la distribution du sol par rapport au mode d'exploitation. Défalcation faite des surfaces forestières et des terrains qu'il est absolument impossible d'utiliser, il reste à peu près 43 millions d'hectares plus ou moins propres à la culture, savoir :

			hectares.
1° Terres utilisées directement par les soins et le labeur des propriétaires :			
	800,000 propriétaires dans l'aisance, exploitant leur domaine d'une contenance moyenne de 13 hectares	10,400,000	
	3,000,000 de familles pauvres cultivant un lot d'un peu plus de 3 hectares	9,600,000	20,000,000
2° Terres exploitées au profit des propriétaires :			
	Par l'intermédiaire d'un entrepreneur de culture qui sous-loue à ses risques et périls, et à diverses conditions ;	3,000,000	

	Par des fermiers, en vertu de baux spéciaux, sans la faculté de sous-louer	5,000,000	
	Par des métayers ou colons à moitié fruit	15,000,000	23,000,000
			43,000,000

Il devient facile d'évaluer, d'après ces données, la somme distribuée par l'industrie agricole à titre de profits et de salaires, en comprenant dans le prix total celui de la nourriture que l'ouvrier rural reçoit ordinairement sur place, et qui compose alors la plus forte partie de sa rémunération.

Les 800,000 propriétaires exerçant sur leurs domaines le métier d'entrepreneur de culture peuvent réaliser à ce titre, en évaluant la nourriture de toute leur famille, un profit de 2,400 francs chacun, soit	1,920,000,000 fr.
Les 3 millions de très petits propriétaires gagnent, en aliments grossiers qu'ils absorbent, à raison de 400 francs [4] par famille	1,200,000,000
La plupart des individus de cette seconde catégorie sont obligés de travailler pour autrui, et font nombre dans les trois classes qui suivent :	
600,000 familles de fermiers [5], gagnant, nourriture comprise, 2,400 francs	1,440,000,000
1,500,000 métayers, exploitant en moyenne 10 hectares et gagnant en nourriture 500 francs, en argent 300 fr., soit.	1,200,000,000
Total	5,760,000,000 fr.
Report	5,760,000,000 fr.

400,000 familles pauvres, employées à la journée et réalisant 450 francs	180,000,000
Estimation totale des profits et des salaires, tant en denrées qu'en espèces [6]	5,940,000,000 fr.

Il résulte de ces chiffres que l'agriculture française distribue, pour la rémunération des travailleurs qu'elle emploie, une somme trois fois plus forte que la rente du propriétaire inactif. En Angleterre et en Ecosse, l'industrie agricole a une tendance opposée. Le capital, qui y joue un rôle considérable, y prélève, en produit net, une redevance que j'ai lieu de croire égale à la totalité des salaires. Avec des cultures moitié moindres en superficie que celles de la France, le contingent des 600,000 domaines britanniques, dépassant 2 milliards de francs, est égal au revenu des propriétés françaises, qui sont huit fois plus nombreuses. Les rôles de l'*income-taxe* n'attribuent aux fermiers qu'un revenu de 360 millions ; mais il me paraît impossible que ce chiffre exprime autre chose qu'un bénéfice net, déduction faite de la solde du fermier comme directeur, et des aliments qu'il prélève pour les besoins de sa famille. Quant à la classe mercenaire condamnée au rude travail des champs, on s'applique à remplacer son labeur, autant que possible, par le choix des assolements, par l'emploi des forces mécaniques et des animaux. Abaissée à la proportion de 22 pour 100 sur la population totale, c'est-à-dire réduite à 1 million de familles, il est douteux qu'elle obtienne en salaires plus de 600 millions de francs. Il importe que ces différences soient remarquées au moment où l'on parle d'introduire chez nous l'impôt sur le revenu.

Le contraste que présente l'industrie agricole en Angleterre et en. France a soulevé mille fois, et toujours en pure perte, le problème de la grande et de la petite culture. C'est une prétention ridicule que celle de régir par un principe absolu des faits qui, dans la pratique, sont diversifiés par d'innombrables accidents. Aux yeux de l'agronome, tous les systèmes sont égaux, à égalité relative de bénéfice et de produits. Les habitants du pays de Waës et quelques riverains du Rhône, la Flandre et l'Alsace prouvent qu'on peut faire, sur un petit espace, de la culture très grande, parce qu'elle est très riche : on fait aussi de la culture petite et misérable sur un vaste terrain, et c'est ce qui arrive trop souvent dans le midi de la France. La prospérité agricole ne tient donc pas d'une manière inévitable aux dimensions des héritages.

Les 23,000 familles que l'on peut considérer comme riches détiennent, avons-nous dit, 6 millions d'hectares, la huitième partie du sol cultivable. A part d'honorables exceptions, les grandes propriétés ne sont pas mises en valeur par ceux qui les possèdent. La gestion d'un vaste domaine exige, avec des connaissances spéciales, une surveillance très laborieuse. Pour faire le métier d'agriculteur, il faut une vocation rarement alliée au privilège de la richesse. Les propriétaires qui exploitent par eux-mêmes n'ont donc ordinairement que des fonds de médiocre étendue. Cette classe comprend beaucoup d'aubergistes, de maîtres de poste, d'éleveurs, de meuniers, de fabricants d'huile ou de sucre et autres industriels qui ont des moyens particuliers de crédit, et qui ne craignent pas de faire des avances au sol. Leurs professions leur procurent des ressources pour l'engrais : aussi a-t-on remarqué que les terres de cette catégorie sont celles dont la culture laisse le moins à désirer.

L'aristocratie anglaise a su créer une race de fermiers que l'opinion place fort honorablement entre la seigneurie et l'industrie bourgeoise. Également rompus à la pratique agricole et aux manœuvres du crédit, le capital ne leur fait pas plus défaut que la science : leur jouissance étant moins un bail aléatoire qu'une sorte d'usufruit héréditaire, ils se passionnent autant pour l'amélioration des fonds que le rentier féodal. Le *gentleman farmer* est un type qui serait dépaysé en France. L'existence de nos fermiers n'est ni assez large ni assez bien assise pour exciter une vive émulation parmi les jeunes gens d'un mérite distingué. L'instabilité de la propriété n'admet que des relations cauteleuses entre les détenteurs du sol et ceux qui le font valoir, et il en résulte une divergence d'intérêts qui fait perdre aux uns en moralité et en considération, autant que les autres perdent en argent.

Les baux à rentes fixes, procédant par périodes de trois années, datent, dans leurs formules et leurs tendances, de cette époque où l'assolement triennal était généralement pratiqué. Le plus souvent, des propriétaires sans prévoyance agricole laissent procuration entre les mains des notaires campagnards : ceux-ci se font un mérite de conserver dans la rédaction des baux ces clauses traditionnelles qui, conçues à une époque où l'immobilité semblait une vertu, ont pour effet d'entraver toute amélioration. La moindre innovation dans l'ordre des cultures y est formellement interdite comme attentatoire aux droits réservés du propriétaire. Les baux sont d'ailleurs trop courts : il est rare qu'ils dépassent le terme de neuf années. Or, comme il est démontré qu'une période de huit ans au moins est nécessaire pour assujettir un grand corps de ferme à un bon assolement, et que les améliorations ne sont bien profitables qu'après la seconde rotation, il est clair que le fermier ne se lancera pas dans des avances à long terme. Le propriétaire, qui n'est souvent qu'un citadin engagé dans des opérations commerciales, prévoit la nécessité de revendre pour réaliser des capitaux, et il stipule qu'en cas de transmission, le bail sera résilié de droit, si l'acquéreur l'exige. Dans ce cas, il y aurait folie de la part du fermier à spéculer sur l'amélioration d'un fonds qui peut lui échapper à toute heure ; il se tient au contraire en mesure de réaliser immédiatement, au risque d'épuiser la terre. Malgré ces inconvénients, le système des baux personnels et à rentes fixes est encore ce qui réussit le mieux chez nous, après l'exploitation directe du moyen propriétaire : les régions du nord et de l'est où ce mode domine sont incomparablement le mieux cultivées et les plus fécondes.

L'exploitation en régie par des spéculateurs qui se réservent le droit de sous-louer est usitée pour quelques grands domaines dans le centre et le midi. Ce genre de contrat, qui a désolé la malheureuse Irlande, n'a pas en France des effets aussi évidemment désastreux ; toutefois, un grave abus est que le fermier-général et les sous-traitants ont bien plus d'intérêt à épuiser la terre qu'à l'enrichir, parce que cette amélioration, amenant une surenchère, tournerait plutôt au profit du maître qu'au leur.

Le tiers de la France cultivable, 15 millions d'hectares dans le midi, l'ouest et le centre, sont soumis au métayage. Ce triste régime n'est pas, comme on affecte de le dire, une épreuve de l'association ; c'est, au contraire, la lutte sournoise de deux intérêts qui s'accouplent par nécessité. Si le métayer français n'est plus attaché à la glèbe par la force de la loi, comme le colon de la décadence romaine, il y est asservi par la fatalité du fait. Dans les pays de métayage, la liberté de l'ouvrier est sans issue, et la propriété n'est qu'une possession imparfaite. A défaut d'ateliers industriels ou de travail de culture en dehors des métairies où le colon n'emploie que sa famille, il est aussi difficile au métayer congédié de trouver une condition meilleure qu'au maître de se débarrasser d'un mauvais associé.

Dans la culture à moitié fruits, le partage en nature des grandes récoltes, c'est-à-dire des grains, des foins et du vin, est un contrat qui fausse la pondération loyale des valeurs ; il repose sur cette hypothèse que le capital et le travail sont deux agents toujours égaux en puissance. Or, pour ne pas faire pencher la balance au profit de son associé, le capitaliste est économe de ses avances, le laboureur l'est de ses peines. Le propriétaire, ne pouvant prétendre qu'à la moitié de certains fruits, a tendance à exagérer l'étendue qu'il serait convenable de consacrer à la production de ces fruits. Accorder le moins possible aux grandes cultures qui sont matière à partage, se réserver pour certains produits secondaires qu'on ne partage pas, telle est la politique instinctive du métayer. Trop rusé d'ailleurs pour ne pas comprendre qu'il serait congédié si le contingent du maître devenait trop faible, il élargit successivement la superficie ensemencée, de manière à obtenir sans travail et sans soins une quantité de grains à peu près égale. Si petit que soit le champ qu'il se réserve, il en tire plus de profit en y consacrant tous ses efforts et en y répandant la plus grande partie des fumiers qui auraient dû vivifier tout le domaine. On attribue à ces ruses coupables la ruine de la Sologne ; l'infériorité agricole de nos provinces méridionales tient évidemment au métayage, quoique les mauvais effets de ce régime y soient atténués aujourd'hui par beaucoup de propriétaires instruits et vigilants.

Il y a enfin, pour le malheur de la France, une race de cultivateurs qui ont le fatal secret de produire sans posséder d'argent, de fabriquer des aliments sans en vendre aux autres et sans se suffire à eux-mêmes. Le capital est remplacé chez eux par un labeur qui les épuise ; n'ayant rien à offrir au commerce, ils n'ont rien à lui demander. Obligés le plus souvent de travailler pour le compte d'autrui, soit comme métayers, soit comme journaliers, dans les fermes ou dans les ateliers des villes et des bourgs, ils subordonnent leurs propres cultures aux intérêts de ceux qui leur procurent un salaire. Ils ont pour attelage, et pas toujours, une vache maladive, nourrie sur le commun, peu ou point d'outils. Quand la charrue ne peut être remplacée par la bêche, ils font labourer à la journée par des étrangers, ou ils emploient des bêtes de louage, de sorte qu'à défaut de l'engrais qu'ils ne produisent point, leur champ reste d'une maigreur déplorable. Recommander à ces tristes cultivateurs les amendements qui corrigent le sol, les rotations qui l'enrichissent, ce serait presque une ironie. Enfouir de l'argent dans la terre, quand les 10 francs à solder au percepteur, quand les dégâts à réparer après un orage, quand la blouse et les sabots à remplacer, la pièce de lard à acheter pour le pot-au-feu des grands jours, sont déjà de grosses affaires ! Il s'agit bien d'améliorations ! Le point essentiel, c'est de ne pas mourir de faim ; pour cela, il faut s'assurer avant tout un sac de seigle et un tas de pommes de terre. Attribuer aux *propriétés* de cette nature une valeur productive de 150 francs par hectares, en aliments absorbés par ceux qui les récoltent, c'est peut-être exagérer les résultats. Un tel régime est bien près de la sauvagerie. Hélas ! il est celui du tiers des Français, et il s'étend comme une lèpre rongeuse sur la cinquième partie du territoire national.

A part les inconvénients particuliers à chacun des modes d'exploitation usités en France, il y a un vice qui est commun à tous, et qui les aggrave d'une manière irrémédiable : c'est l'insuffisance du capital. Plus une industrie se perfectionne et plus son capital d'exploitation doit s'élever : l'agriculture n'échappe pas à cette loi. En Angleterre, on exige actuellement des fermiers deux fois plus d'argent disponible qu'il y a un demi-siècle. Le fonds de roulement doit être constitué au décuple de la rente payée au propriétaire : c'est une avance de 800 à 1,000 francs par hectare. En France, en calculant à raison d'une tête de gros bétail par hectare, et sans viser à un outillage compliqué et dispendieux, il faudrait environ 600 francs. C'est à peine si les meilleurs fermiers des premières terres en fournissent le quart. M. Lullin de Châteauvieux estime à 42 francs 50 centimes par hectare la somme moyenne de ce qu'avancent les fermiers et la foule des propriétaires nécessiteux. Quant aux métayers, il évalue à 11 francs par hectare leur réserve disponible. On assure, en un mot, qu'il y a 29 millions d'hectares auxquels les possesseurs ne peuvent faire d'autres avances que celle de leur travail. Il en résulte que la France est peut-être le pays de l'Europe où l'agriculteur travaille le plus pour produire le moins. « Le même travail qui fournit 3 sacs de blé dans le midi de la France, et 4 dans le nord, en procure 18 en Angleterre [z]. »

Il est de règle, dans une agriculture avancée, de consacrer beaucoup plus d'espace à la nourriture des animaux qu'aux produits consommés par l'homme. Pour 4 millions d'hectares emblavés, la Grande-Bretagne en a 12 en prairies naturelles ou artificielles, en grains inférieurs ou en racines destinées aux étables : là est le secret de sa supériorité. Glissez légèrement sur les chiffres de la statistique française, et vous trouverez une relation assez satisfaisante pour l'œil : 11 millions d'hectares semés en céréales et 26 millions pour fourrages ; mais qu'on en vienne aux faits, que trouve-t-on ?

	hectares.
Grains destinés aux animaux (orge, avoine)	4,188,523
Prairies naturelles	4,198,198
Prairies artificielles	1,576,547
Jachères utilisées comme pâturages	6,763,282
Communaux, landes, pâtis, bruyères	9,191,076
	25,917,626

A ce compte, près des deux tiers de la superficie se composeraient de terres dépouillées ou complètement incultes. La jachère nue où croissent naturellement quelques herbes, les landes communales écrasées par le parcours et Infécondes, quoique souvent de bonne qualité, fournissent à peine en aliments la dixième partie du rapport des bons herbages, de sorte que les 26 millions d'hectares destinés aux animaux n'en représentent pas 12 en réalité.

La France possède 51 millions d'animaux domestiques, qui équivalent, pour la fabrication de l'engrais, à 14 ou 15 millions de bêtes bovines : c'est une tête de gros bétail pour 3 hectares, le tiers de la proportion recommandée par les agronomes ; mais, parmi ces troupeaux, combien de bêtes étiques et chagrines, faute de nourriture et de soins intelligents ! Il y faudrait compter par millions les vaches maigres de nos misérables chaumières, les chevaux ruinés de nos métayers et les porcs qui se nourrissent au hasard. Le dépérissement de la race ovine est surtout un fait déplorable. Les existences constatées donnent pour la France le chiffre de 32 millions, et pour l'Angleterre celui de 45 millions au moins. Les différences numériques sont moins humiliantes pour nous que celles qui résultent du poids, de la qualité comme aliment, du produit de la tonte et de l'engrais. Des agronomes qui ont évalué ces circonstances déclarent que la richesse ovine de l'Angleterre est, relativement à la nôtre, dans le rapport de 12 à 1. Il y a sans doute encore chez nous de ces beaux troupeaux qui semblent l'enseigne d'un domaine bien tenu ; mais aussi combien de ces bêtes dégradées qui trahissent la détresse du propriétaire ! Absence de cultures fourragères dans des métairies morcelées, défaut de nourriture, nullité absolue de soins, mélange de toutes races, confusion de quelques béliers informes avec des brebis défectueuses, lâchées dans des landes arides sous la garde d'un enfant idiot, voilà le régime pastoral de plusieurs provinces du midi. Aussi le commerce français, qui devrait avoir de la laine à revendre, est-il forcé d'en acheter chaque année pour 50 à 60 millions.

Combien de souffrances s'expliquent, combien de plaintes se légitiment, combien de dangers se révèlent, quand on examine la constitution agricole de notre pays ! La moitié de notre population rurale en est encore à la première phase agronomique ; c'est l'homme des champs livré à son instinct, accroupi sur son coin de terre, subordonnant ses travaux à la nécessité de se nourrir lui-même, ne songeant au commerce que pour utiliser son superflu. L'industrie agricole proprement dite, la fabrication des aliments pour la vente, la spéculation sur les besoins d'autrui ne peut être exercée rationnellement chez nous que par les deux catégories d'agriculteurs les moins nombreuses : les propriétaires faisant valoir avec des ressources suffisantes, et les bons fermiers, munis de baux assez longs pour qu'ils aient profit aux améliorations. Malheureusement, ces deux classes n'exercent leur industrie que sur un tiers, deux cinquièmes au plus, du sol cultivable ; elles ne fournissent pas une quantité de subsistance proportionnée aux besoins d'un grand peuple. La France ne mange pas assez ; la fièvre de la faim est un mal qui prédispose aux révolutions. S'étourdir systématiquement sur ce sujet serait d'une mauvaise politique. Quand un mal n'est pas irrémédiable, il y a plus de danger à le cacher qu'à le découvrir. Ne craignons donc pas de mettre au jour ce que les documents officiels nous apprennent sur l'état général des consommations.

La *Statistique agricole* préparée par M. Moreau de Jonnès, et publiée en 184-0 sous la responsabilité du ministre spécial, est la base principale des calculs sur les ressources alimentaires créées par notre agriculture. L'auteur de la *Statistique agricole* ayant mis à jour des vérités fort tristes, des doutes ont été élevés sur l'exactitude de ce document par ces personnes qui croient que, pour conserver l'ordre social, il suffit de masquer les côtés faibles de la société. L'erreur s'est glissée probablement dans l'immensité des détails, et d'ailleurs une précision rigoureuse n'est pas exigible dans un tableau qui ne représente que les résultats d'une année moyenne, prise pour type. Néanmoins, je tiens comme suffisamment probables les données générales. « Une garantie inattendue d'exactitude, a dit le ministre dans son préambule, c'est que les chiffres de la consommation sont en rapport avec ceux de la production, quoiqu'ils aient, les uns et les autres, une origine différente, et qu'ils résultent d'immenses calculs, faits séparément, sans aucune prévision de leurs résultats. » Une autre preuve est fournie par le rapport des engrais aux céréales. Divers calculs agronomiques, qui trouveront leur place plus loin, établiront entre les faits de l'enquête une concordance qui ne peut pas être l'effet du hasard.

Si l'accroissement des moyens de subsistance a suivi depuis un demi-siècle le progrès de la population, c'est par des sacrifices qui épuisent le domaine national et compromettent l'avenir. Le perfectionnement le plus réel est celui de la mouture, qui a augmenté d'environ 3 à 4 ; pour 100 le rendement des farines. Dans l'ordre agronomique, on a atteint le but par une voie détournée et dangereuse, précisément opposée à celle que traçait la prudence. Le moyen normal eût été de multiplier les pâturages pour créer plus d'engrais, et de reboiser les terres arides pour discipliner les eaux. De cette manière, l'augmentation des produits eût été le résultat de l'enrichissement du sol. C'est au contraire à force d'appauvrir le sol qu'on a conservé l'équilibre entre les subsistances et la population. On a élargi successivement la surface destinée aux céréales. Les récoltes supplémentaires, obtenues à force de déboisements, de desséchements, de défrichements, sont achetées par un surcroît de main-d'œuvre qui absorbe une partie des forces nationales. L'insuffisance des aliments de choix en élève le prix à un taux que les pauvres ne peuvent plus atteindre. L'usage de la viande tend à devenir un privilège. On laisse affaiblir la population laborieuse des campagnes en l'accoutumant à une nourriture grossière qui, dans une agriculture florissante, ne devrait servir qu'à l'engraissement du bétail. Qu'on y prenne garde ! c'est ainsi que les races humaines s'altèrent et que les nations s'amoindrissent. Deux faits qui semblent contradictoires sont également incontestables : le plus grand nombre des Français sont mieux nourris aujourd'hui que ne le furent leurs ancêtres : il n'est pas moins évident que la France, prise dans son ensemble, n'est pas nourrie convenablement. Il n'y a qu'une manière d'expliquer cette anomalie, c'est d'admettre qu'une minorité sacrifiée n'a pas même le nécessaire. La récolte du froment, évaluée à 76 millions d'hectolitres, et réduite à 64 millions après le prélèvement des semences, donne en moyenne à chaque Français 180 litres par an. Or, la consommation normale est de 316 litres. A ce compte, la population des villes, où l'on ne mange guère que du pain blanc, prélèverait 28 millions d'hectolitres. Resteraient donc, pour les habitants des campagnes, 36 millions d'hectolitres, soit 137 litres par tête au lieu de 316. Le déficit est nécessairement comblé par le seigle (28 millions d'hectolitres), que les éleveurs n'osent pas donner aux animaux ; par le sarrasin (8 millions d'hectolitres), dont l'action sur le cerveau est suspecte ; par le maïs (8 millions d'hecto- litres) ; par les châtaignes (3 millions et demi d'hectolitres), et surtout, par la pomme de terre (86 millions d'hectolitres [8]), trois fois moins nutritive que le pain, quatre à cinq fois moins que la viande. Même lorsqu'ils sont sains, ces aliments inférieurs sont doublement perfides. Moins ils sont substantiels, plus fort est le Volume que l'estomac doit recevoir pour y puiser les principes réparateurs dont il a besoin. De là un travail digestif qui, réagissant sur le consommateur selon son tempérament, l'appesantit, le déjette ou l'étiolé. Voilà pour le physique. Quant aux résultats industriels, l'usage des aliments dépréciés, facilitant l'abaissement des salaires, provoque les ouvriers à l'inertie ou les maîtres à une coupable cupidité. La triste expérience en a été faite en Irlande.

La *Statistique* du gouvernement, prenant pour type l'année 1840, a évalué la consommation totale de la viande à 674 millions de kilogrammes ; c'est une ration annuelle de 19 à 20 kilogrammes par tête. Si l'on décompose cette moyenne, on trouve encore que la part des campagnes est réduite outre mesure par le prélèvement des grandes villes. Les chefs-lieux de départements, qui ne renferment pas plus de 3 millions d'habitants, reçoivent les viandes de choix, le tiers au moins des bœufs abattus, le quart des moutons, le cinquième des veaux. Au paysan restent les bêtes maigres de toutes les espèces, et particulièrement la vache et le porc. La multiplication exagérée du porc est un symptôme dont s'afflige l'agriculteur. Cet animal, offrant l'avantage d'être élevé sans frais et sans soins, mais donnant relativement peu d'engrais, convient à une culture pauvre en herbages. Il n'est pas surprenant qu'il fournisse déjà 290 millions de kilogr., ou 43 pour 100 dans le total des viandes consommées.

De ce que la balance penche en faveur des villes dans le partage des produits, faut-il conclure qu'il y a progrès, au moins dans les grands centres de population ? Prenons Paris pour exemple. Des statisticiens consciencieux, comme M. Benoiston de Châteauneuf et M. Millot, M. Cunin-Gridaine, ministre du commerce en 1841, et M. Boulay de la Meurthe, au nom du conseil municipal, ont soutenu que l'alimentation des Parisiens était moins substantielle aujourd'hui que sous l'ancien régime. D'un autre côté, M. Tourret, aujourd'hui ministre du commerce, a combattu par des calculs très séduisants les tristes conclusions de la statistique. « Supposez, a-t-il dit, qu'à une des époques prises pour point de comparaison, il y eût 500,000 riches consommant chacun 100 kilog. de viande, et 100,000 pauvres réduits à se contenter de 10 kilogrammes, et à une époque postérieure 600,000 riches achetant encore 100 kilogrammes, et 400,000 pauvres mangeant trois fois plus que par le passé : la consommation moyenne, dans le premier cas, sera de 85 kilogrammes, et, pour la seconde période, bien évidemment en progrès sur la première, la moyenne s'abaissera à 72. » L'argument est plus ingénieux que solide ; il tombe devant le simple exposé des faits.

Lorsque de La Mare écrivait son *Traité de la Police*, il avait sous les yeux les anciens registres du Châtelet, constatant que, dès le XVe

II. — LES FAITS.

siècle, des marchés pour le bétail étaient tenus à Paris le mercredi et le samedi de chaque semaine, et qu'ordinairement « il s'y trouvait jusqu'à 2 à 3,000 moutons, et 1,000 à 1,200 bœufs. » Sans attacher trop d'importance à cette vague indication, elle permet de croire que l'usage de la viande dominait dans le régime alimentaire, et que les Parisiens l'obtenaient à très bas prix. Les documens n'acquièrent de la précision qu'à partir du règne de Louis XIII.

DÉNOMBREMENT DU BÉTAIL INTRODUIT A PARIS A DIVERSES ÉPOQUES.

	Bœufs	Vaches	Veaux	Moutons	Porcs
Année 1634 (ministère de Richelieu)	50,000	27,000	70,000	416,000	«
Bail de 1697 à 1702 (moyenne de six ans), population évaluée à 720,000 âmes	52,359	7,386	116,916	382,061	29,606
Bail de 1726 à 1731 (moyenne de six ans), population évaluée à 550,000 âmes	60,537	14,579	122,002	387,290	26,960
Année 1785. Environ 620,000 âmes.	73,849	11,930	94,727	332,628	38,297
— 1812. 624,000 habitants	72,268	6,929	76,154	347,568	«
— 1825. Environ 740,000 habit. (Fêtes et affluence à Paris)....»	82,948	12,762	79,482	440,663	«
— 1844. 960,000 habitants	76,565	16,450	78,744	439,950	87,787
— 1846. 1 million d'habitants. (Grand mouvement commercial. — Chemins de fer.)	80,256	21,980	84,444	487,644	93,502

On a cru affaiblir ces chiffres en disant que le poids des animaux n'est pas le même à toutes les époques. Les registres d'octroi signalent, en effet, quelques différences [2] : j'en ai tenu compte en comparant, à soixante ans de distance, les années 1785 et 1844 ; je trouve qu'à la première époque, le poids total des viandes introduites fournit 43,223,152 kilogrammes pour 620,000 habitants, et que, pour l'époque récente, 54,069,488 kilogrammes ont dû suffire à une population de 960,000 âmes : le désavantage est pour nous, dans le rapport de 57 à 70, environ 20 pour 100.

   La rareté et le haut prix du bétail ont eu pour effet d'introduire dans le commerce des marchandises inférieures. M. Boulay de la Meurthe a constaté dans son rapport que les viandes ont perdu en qualité autant qu'en abondance. Les viandes à la main, provenant des bêtes dégradées, abattues dans les campagnes, pour être vendues dans les halles de Paris à des prix plus bas que ceux de la boucherie, sont entrées dans la consommation, en 1846, pour 3,804,381 kilogrammes. Avant l'établissement des abattoirs, lorsque les animaux étaient conduits vivants jusqu'à chaque boucherie, et tués, pour ainsi dire, sous les yeux du public, les bouchers avaient intérêt à n'acheter que des bêtes de choix. A cette époque, on n'introduisait à Paris que 6,000 vaches au plus ; on en a amené en dernier lieu 21,980. L'inconvénient ne serait pas grand si l'on ne débitait que des vaches parfaitement saines. Par malheur, ces bêtes sortent, en général, des laiteries de la banlieue : soumises à un régime sédentaire et à une nourriture surexcitante, elles y sont prédisposées à diverses maladies, et notamment à la phthisie. On estime qu'un cinquième des vaches engraissées pour la boucherie, lorsqu'elles ont cessé de fournir du lait, sont viciées, et qu'elles inoculent dans la population un principe fiévreux et débilitant. Les classes nécessiteuses trompent le besoin qu'elles ont d'une nourriture animalisée, en se jetant sur des aliments de haut goût. La chair du porc, dont la vente était restreinte autrefois par une triple inspection des agents de police, figure aujourd'hui dans le tableau des entrées pour 8 à 9 millions de kilogrammes : la charcuterie, au lieu de fournir, comme en 1785, un treizième dans la consommation, en forme actuellement la sixième partie. Un autre symptôme à constater est le développement prodigieux qu'a pris depuis trente ans le commerce des issues et des abats. Les parties de l'animal qui ne paraissent pas ordinairement sur les tables bien servies, le cœur, le foie, les intestins, les pieds, la tête, produisaient, d'après les états de 1812, un débit de 63,536 kilogrammes ; on a constaté, en 1840, une vente de 4,227,109

II. — LES FAITS.

kilogrammes, provenant des abattoirs intérieurs et des entrées aux barrières : c'est une consommation soixante-six fois plus forte.

Résumons, par un exemple frappant, tout ce qui vient d'être dit sur l'insuffisance du régime alimentaire des Français. Après les fatales journées de juin, la prudence autant que l'humanité commandait au gouvernement républicain de traiter les prisonniers de manière à éviter les causes d'irritation. On leur alloua une ration quotidienne qui est à peu près celle de nos soldats en garnison : 750 grammes de pain bis, avec 100 grammes de pain blanc et quelques légumes pour la soupe, 179 grammes de viande, et 33 centilitres de vin. Eh bien ! ce que la France fait pour ses enfants égarés, elle ne le pourrait pas faire, à beaucoup près, pour tous ses enfants dévoués et paisibles. On estime que les 36 millions d'habitants de tout âge et de tout sexe équivalent, pour la consommation, à 24 millions d'adultes. A ce compte, pour que tout Français fût nourri à l'égal des insurgés de juin, il faudrait que la France eût à consommer 96 millions d'hectolitres, blé ou seigle, et elle n'en récolte que 90 millions, année commune ; il faudrait qu'elle mît en vente, pour l'intérieur, 29 millions d'hectolitres de vin au lieu de 24 ; il faudrait enfin qu'elle eût à partager 1,560 millions de kilogrammes de viande, et elle n'en distribue que 674 millions !

On varie sur tous les tons du désespoir cette phrase qui date de Sully : Les bras manquent à l'agriculture ; on s'épuise en projets pour faire refluer dans les fermes la population exubérante des ateliers. Combien d'erreurs dans ces plaintes, et, pour celui qui ne puise pas ses convictions dans le courant des idées banales, combien le découragement est légitime quand on découvre une telle inadvertance chez ceux qui régentent les sociétés ! Au point de vue de l'intérêt national, les bras manquent si peu dans nos campagnes, que le vice capital de notre industrie agricole est l'excès de la main-d'œuvre, comparativement à la misère des produits obtenus. J'ai dit que, pour récolter beaucoup plus à égale étendue, l'Angleterre emploie deux fois moins d'ouvriers que la France [10] ; mais, quoique la population qui vit en France de la culture du sol y soit peut-être surabondante, il n'en est pas moins vrai que, très souvent, les chefs d'exploitation ont de la peine à réunir les ouvriers dont ils auraient besoin, et que beaucoup d'entreprises utiles sont entravées par des difficultés de main-d'œuvre. Faut-il donc s'en étonner ? Ne ressort-il pas de tout ce qui précède que le travail des champs est placé dans des conditions déplorables ? On poursuit, depuis plusieurs années, la publication d'un livre qui deviendra le manuel de nos agriculteurs, s'ils tiennent compte d'une savante méthode et d'une rare érudition : c'est le *Cours d'Agriculture* de M. de Gasparin [11]. Dans cette encyclopédie agronomique, on distingue un ample chapitre intitulé : *Des Forces motrices* ; il est subdivisé en sections ainsi dénommées : « Travail du vent, — de l'eau courante, — de la vapeur, — *de l'homme*, — du cheval, mulet, bœuf, âne. » J'aime à m'éclairer sur cette force qu'on appelle l'homme. Après un anathème religieux lancé en passant contre l'esclavage des nègres, l'auteur, arrivant au travail libre, se demande dans quelles limites les agriculteurs doivent renfermer le salaire de l'ouvrier rural. « Si, dit-il, le prix que l'homme reçoit pour son travail n'était pas suffisant pour son entretien et celui de sa famille, il y aurait souffrance, dépérissement de forces, maladies, et enfin réduction du nombre des travailleurs ; » mais, ajoute-t-il, « si ce prix excédait le taux nécessaire à l'entretien de la famille de l'ouvrier, celui-ci capitaliserait, et ne tarderait pas à devenir propriétaire : la grande propriété se dissoudrait par l'action combinée de la concurrence des acheteurs et de la rareté toujours plus grande des bras salariés. » Voilà donc le problème encore posé, au XIXe siècle, comme eût fait Varron ou Caton l'Ancien. Après bien des supputations, on arrive à ce point : nourriture de la famille, homme, femme et trois enfants, aliments divers évalués à la représentation de 4 kilogrammes 25 grammes de blé par jour, à 22 francs l'hectolitre, soit 478 fr. 39 cent, pour l'année. Les autres besoins sont appréciés en ces termes : « Ayant étudié un assez grand nombre de familles agricoles en France, nous avons trouvé que la moyenne de la dépense de leur logement était de 30 francs par an, que l'habillement coûtait 35 francs pour l'homme seul, et 100 francs pour le ménage complet ; le combustible et l'éclairage, 40 francs ; les outils, ustensiles et dépenses imprévues, absorbent la somme de 20 francs. » Le budget total d'une famille de cinq personnes est donc porté à 638 fr. 39 cent., soit, par tête, 427 fr. 68 centimes. A ce compte, le paysan mange du pain blanc moins souvent que de la pomme de terre ou de la châtaigne ; il ne boit pas de vin, même dans le midi, si ce n'est pendant les grandes chaleurs ou les travaux exceptionnels. Le lard

II. — LES FAITS.

est la seule viande qu'il goûte de temps en temps, et, s'il lui arrive de mettre la poule au pot, c'est qu'il la juge indigne du marché.

Cette maigre pitance, y a-t-il du moins certitude de la gagner régulièrement ? Le nombre des journées propres au travail des champs étant en moyenne de 241, pour réaliser la somme de 639 francs, il faudrait que le père, la mère et les trois enfants gagnassent 2 fr. 65 cent, par jour. Or, si la pauvre famille réalise cette somme, c'est en se disséminant, les uns dans les fermes, les autres dans les usines, subissant les alternatives de presse ou de chômage. Notre agriculture n'est pas assez riche, pas assez prévoyante, disons le mot, pas assez éclairée pour faire entrer dans la distribution des travaux la prévision des besoins des familles ouvrières. Chacun pour soi.... ; on ajoutait anciennement : et Dieu pour tous ! On prend à l'année, à titre de domestiques, les auxiliaires indispensables ; on appelle des aides au jour le jour pour les labours, les charrois, les semailles ou les récoltes ; mais tout cela ne constitue pas pour l'ouvrier vivant de ses bras une occupation régulière, un métier auquel il puisse se dévouer. Le salariat, tel que nous le concevons dans la fiction économique de l'offre et de la demande, tel qu'il est usité dans l'industrie manufacturière, n'existe que par exception dans l'état actuel de notre industrie agricole.

Ainsi s'expliquent les deux fléaux de la culture française, la désertion de l'élite des campagnes vers les villes, et le morcellement du sol. Tout villageois un peu éveillé sait que la moindre profession exercée dans un centre populeux lui procurera un salaire plus fort et plus régulier, un régime moins grossier, des relations plus divertissantes que la vie rustique. Quant à ceux qui restent au village, ils se classent, ainsi que nous l'avons vu, en propriétaires mendiants, en métayers nécessiteux, parce qu'un travail suivi leur manque : le salaire n'est qu'une aubaine passagère, un appoint dans l'existence ; c'est la condition précaire du simple journalier, c'est le spectacle de sa misère qui développe jusqu'à la frénésie la passion de posséder. L'achat d'un lot de terre est pour le paysan une garantie contre le chômage ; il faut qu'il devienne propriétaire, n'étant pas sûr de vivre comme ouvrier. On comprend, d'après cela, comment il se fait qu'avec une surabondance de bras occupés à remuer la terre, l'agriculture proprement dite manque de bras.

On connaît maintenant les vices de notre agriculture : morcellement désordonné du sol, manque d'argent, mauvaise distribution des forces, insécurité du propriétaire, pénurie de l'ouvrier. Le tableau est triste : je n'ai pas craint cependant de le dévoiler. La situation ne deviendra dangereuse que si l'on se refuse à l'éclaircir, si l'on se fait un système de l'immobilité et de l'inertie. Je rechercherai, dans la seconde partie de cette étude, comment les principes essentiels de l'industrie agricole pourraient être conciliés avec l'économie actuelle de la société française.

NOTES

1.   Cette proportion n'est pas une mesure rigoureusement exacte. Les différences s'expliquent par la plus ou moins grande énergie des fumiers employés et la constitution diverse des terrains. Crud admet que 622 kilogrammes d'un fumier excellent rendent un hectolitre de blé, c'est-à-dire un peu plus de 12 pour 100 en poids ; Thaër exigeait environ 1,000 kilogrammes par hectolitre, ou un peu plus de 7 pour 100. La mesure de 10 pour 100, indiquée par M. de Gasparin, est donc une sorte de moyenne admise par les agronomes comme plus rapprochée de la vérité et plus favorable au calcul.

2.   Suivant M. Moreau de Jonnès, le nombre des propriétés territoriales dans l'Angleterre proprement dite est aujourd'hui de 32,000, en y comprenant environ 12,000 propriétés de main-morte, attribuées à des communautés civiles et religieuses. On compte moins de 8,000 propriétaires fonciers en Ecosse.

3.   Pour compléter le tableau de la société française, j'ajouterai, en reproduisant les évaluations des hommes compétens, qu'il y a :

450,000 familles riches et bien assises, faisant leur séjour habituel dans les villes, quoique possédant le plus souvent des propriétés rurales ;

660,000 familles dépendantes de l'état par des emplois civils ou militaires, et réunissant parfois à leurs fonctions les avantages de la propriété ;

900,000 familles dénuées de propriété, vivant dans les villes par l'exercice d'une industrie exercée pour leur compte ou moyennant salaire ;

800,000 familles en dehors des catégories ci-dessus énoncées, et comprenant les existences incertaines, petits rentiers, petits pensionnaires, classe flottante des gens sans état et sans ressources.

2,810,000 familles urbaines à raison de 4 têtes par ménage, ou 11,240,000 individus.

4,800,000 familles rurales, à raison de 5 têtes par ménage, ou 24,000,000

7,610,000 familles, ou 35,240,000 individus.

4. Ce produit s'additionne avec la petite rente qu'on a attribuée, pour être exact, au paysan possesseur de 2 ou 3 hectares. On suppose donc que ce paysan, à la fois propriétaire, ouvrier et consommateur, réalise 100 fr, pour sa rente, et 400 fr. pour prix de son travail ; total pour la famille, 500 francs.

5. Notre estimation est un peu supérieure, en ce qui concerne les fermiers, à celle que le gouvernement vient de produire dans l'exposé des motifs du projet d'impôt sur le revenu mobilier. Nous ne savons pas si, dans le travail officiel, on tient compte, comme nous l'avons fait, de la nourriture. Nous maintenons notre calcul, jusqu'à ce que le ministre ait produit les bases du sien.

6. Les transports et charrois sont compris dans le total des salaires agricoles, et ils y figurent pour une part considérable.

7. J'emprunte cette assertion à M. Rubichon, et je lui en laisse la responsabilité. M. Rubichon, qui a publié, en collaboration avec M. Mounier, une Statistique agricole, professe, à chaque page, la foi politique de Joseph de Maistre, dont il reproduit parfois l'accent passionné.

8. Dans les chiffres donnés ici, pour les farineux de qualité inférieure, la consommation des animaux est comprise.

9. Au siècle dernier, le poids moyen du bœuf était de 350 kilogrammes ; la moyenne est d'environ 320 kilogrammes aujourd'hui. Le mouton, évalué jadis à 25 kilogrammes, ne pèse plus que 22. Au contraire, on ne comptait pour une vache que 180 kilogrammes, et pour un veau que 36 kilogrammes. Les chiffres correspondans sont aujourd'hui 225 et 62 kilogrammes.

10. Je reconnaîtrai, pour être exact, que les cultures anglaises

sont moins variées et exigent moins de détails.

11.   Librairie agricole, rue Jacob, 26. Le quatrième volume vient de paraître.

ISBN : 978-1718871670

www.ingramcontent.com/pod-product-compliance
Lightning Source LLC
Chambersburg PA
CBHW070141230526
45472CB00004B/1640